SENTIMENS

SUR PLUSIEURS

TABLEAUX.

SENTIMENS

SUR PLUSIEURS

DES TABLEAUX

EXPOSÉS CETTE ANNÉE

Dans le grand Sallon du Louvre.

M. DCC. LV.

SENTIMENS

SUR PLUSIEURS

DES TABLEAUX,

Expofés cette année 1755, dans le grand Sallon du Louvre.

Mon ami,

Vous ne pouvez attendre que je fois de retour à Paris, vous me demandez avec impatience mon avis fur les tableaux expofés cette année au Louvre, & vous oubliez de m'envoyer le petit livre qui en donne la defcription ; il auroit fervi à me les rappeller. Il y en a beaucoup qui

A 3

m’ont frappé : le tems preſſe , je vais vous en parler.

Mon jugement n’eſt point une déciſion , c’eſt un ſentiment que vous devez comparer aux impreſſions que vous aurez reçues & à l’avis unanime des connoiſſeurs, c’eſt-à-dire de tous ceux qui vous donneront des raiſons.

Je ne vous dirai rien ou peu de choſes de nos Artiſtes, dont les talens ſont généralement connus. Chacun d’eux a des beautés dans le genre où il excelle : on les attend, on les trouve : on n’en doit pas exiger davantage. Ce ſont des hommes faits dont il faut reſpecter les défauts. Tel d’entr’eux peut répondre aux critiques imprudentes, ridicules & cruelles dont on l’accable : vous avez raiſon ; mais il y a tant de tems que je travaille, & j’ai tel âge.

Entrons dans le ſallon. M. *Louis-Michel Vanloo* l’a enrichi de beaucoup de portraits qui attirent & fixent les regards. Quelles vérités dans les détails ! quelle fraîcheur dans le coloris ! Cet Artiste & son neveu semblent tenir de la nature même, les tons & l'assemblage des plus belles couleurs.

Le portrait de M. de Roissy par M. *Tocqué*, est de la plus grande force : tout en est vrai ; la tête touchée vigoureusement ne sent point la peine. Je n'appellerai point cet Artiste le Vandyck de notre siecle ; les ouvrages d'un habile peintre ne sont comparables qu'à la nature qu'il a si parfaitement rendue.

Remarquez le portrait de M. Silvestre par M. *Greuze* : l'expression en est admirable : il doit ressembler. Je desirerois un peu plus de rondeur dans le total de la figure & sur-tout dans la draperie. J'ai bien des choses à vous dire de cet aimable Artiste. Il doit être en garde contre la sécheresse.

N'est-on pas frappé de l'effet agréable & piquant du jeune Ecolier, peint par M. Drouais, le fils ? La lumiere la plus vive raffemblée au milieu du tableau comme dans un centre, & difperfée enfuite avec une jufte dégradation, eft la caufe de l'illufion qu'il produit. C'eft par cet art, c'eft par cette magie que Rembrand, qui ne l'avoit appris que de la nature, nous étonne par fes tableaux dont les détails font fouvent faux, mal deffinés & defagréables. Je fouhaiterois que les acceffoires d'un tableau fi fimple que celui-ci fuffent toujours rendus. La touche de la tête eft exquife ; mais la matiere du chapeau & celle de l'habit ne font pas affez défignées. Cet Artifte étoit en état de le faire.

Admirons ces détails dans ce beau tableau de M. *Carlo Vanloo*, qui repréfente une converfation efpagnole. Chaque étoffe y eft diftinguée : le fatin, le velours, le taffetas ont des maffes différentes rélativement à leur plus

ou moins de foupleffe, & rélativement
au nud des figures : les plis de ces étof-
fes, leurs reflets font variés, & tels
enfin que chaque couleur ou chaque
efpece l'exigeoit. La nature n'eft pas
plus belle, ou plutôt c'eft elle-même.

J'ai été enchanté du tableau du même Artifte, qui repréfente la Peinture
fous la figure d'une jeune femme. Elle
a cet enthoufiafme & ce feu que doit
avoir un Peintre le pinceau à la main.
Je n'ai rien vu de M. *Vanloo* qui eût
autant de grace & d'expreffion.

Le beau tableau de M. Reftout qui
repréfente le Lavement des pieds, n'eft
pas affez admiré. La perfpective en eft
vraie, les grouppes bien difpofés &
variés, leurs lumieres dégradées : on
tourne autour des figures, les parties
en font bien deffinées, & cependant
ce tableau n'eft pas fini. J'ai entendu
des gens blâmer cette couleur d'un ton
jaune & verd, qui eft répandue dans
tout le tableau : c'eft précifément ce

qui me le fait eſtimer. La ſcène ſe
paſſe dans une ſalle dont la décoration eſt une architecture de pierre;
les couleurs des robes des Apôtres
groſſieres & ſimples, tirent preſque
toutes ſur le jaune, le verd & le bleu;
la lumiere des lampes eſt ſans éclat &
jaunâtre. Toutes ces choſes concourent
à former une lumiere totale & généralement répandue dans tout le lieu.
C'eſt dans cette intelligence que con-
ſiſte l'effet & l'harmonie d'un tableau.
Preſque tous les Peintres ne l'ont pas
connue, parce qu'ils ne conſultent pas
aſſez la nature (a). Si l'on éclaire ſuc-
ceſſivement un même endroit avec
des bougies, des chandelles ou des
lampes, on appercevra toujours une lumiere totale rélative à l'éclat, à la couleur, & au mêlange de la ſomme des
couleurs environnantes.

(a) Ils devroient auſſi étudier cette partie
de la phyſique, qui traite de la lumiere & de
ſes accidens.

Si ce principe est vrai, j'oserai blâmer l'effet d'un petit tableau qui est dans la premiere salle de l'Académie royale des Peintres. Il est éclairé par une seule lumiere·vive & très-blanche, & cependant les figures sont d'un rouge obscur.

Les Pélerins d'Emmaüs par M. *Hallé*, sont peints avec vigueur. Dans le haut du tableau, il y a un très-bel effet de lumiere ; mais l'action principale est-elle vraie ? Jesus-Christ après s'être fait reconnoître en rompant & bénissant le pain disparut. Cette disparution n'est point une Ascension. J'aurois voulu que Jesus-Christ vu sur le même plan où sont les deux Disciples, eût été environné d'une lumiere éblouissante, au milieu de laquelle il auroit été peint vague & desséiné de la plus grande légéreté, de façon que l'on eût pu penser que les Pélerins surpris alloient cesser de le voir.

N'oubliez pas de revoir plusieurs

fois les ouvrages de M. *Collin de Ver-mont*. Le deſſein de ce Peintre eſt grand, noble & ſage; c'eſt le Pouſſin de nos jours.

Le Jugement dernier de M. *Challe* eſt peint & deſſiné d'une grande maniere. On trouve dans ſes tableaux de la force & de la majeſté : ils ne ſont pas expoſés dans un jour favorable.

Que de talens dans M. *Vernet* ! je trouve chez lui pluſieurs grands Artiſtes : la variété, le gracieux, la délicateſſe de Vatteau; le noble, le vigoureux, le pittoreſque de Salvator Roſe. Quels effets de lumieres ! tout eſt vrai, tout eſt animé chez lui. J'ai cru voir l'agitation des eaux; j'ai cru entendre frémir l'air autour de ſes arbres. Il ſeroit à ſouhaiter que les tableaux qu'il a peint pours le Roi fuſſent gravés & accompagnés d'une deſcription. Sur ſon port de Marſeille & dans ſon arſenal de Toulon, dont les détails ſont exacts, ſans confuſion & méthodique-

ment ordonnés , on apprendroit faci-
lement des chofes que bien des per-
fonnes devroient fçavoir , & dont elles
auroient de la peine à fe faire inftrui-
re. Pourquoi nos Peintres, prefque toujours occupés d'idées vagues, fingulie-
res & bien fouvent inutiles ; ne s'af-
ferviffent - ils pas quelquefois à repré-
fenter des chofes connues, de nos jours,
mais toujours d'un beau choix ? Ils
feroient précieux aux étrangers , à la
poftérité : on liroit dans leurs tableaux
l'hiftoire des coutumes, des arts, des
nations ; ils feroient toujours intéref-
fans, s'ils étoient vrais, parce qu'ils
feroient utiles.

Le Naufrage, du même auteur, eft
de la plus forte expreffion. L'aridité &
la folitude de la côte dont les bords
font efcarpés, ajoutent encore à l'hor-
rible fituation de ces malheureux, qui
deftitués de tout fecours vont être les
affreufes victimes de la tempête.

Le portrait de M^e la Marquife de

Pompadour a de très-beaux détails : je les ai admirés.

On doit espérer des talens de M. *de la Grenée* ; ce sera un Dessinateur, on voit bien qu'il travaille d'après nature ; ses touches sont hardies, sur-tout dans les mains de son Promethée qui est une belle chose. Son Antiope est d'une couleur suave & d'un dessein coulant.

Il me semble que la tête du petit Amour n'a pas l'expression qui lui convient ; je voudrois le voir soûrire malignement de quelque espiéglerie qui l'occuperoit même en dormant. Cela ajouteroit à ce morceau qui a des beautés.

M. Vien nous a donné beaucoup de choses & bonnes. Ce laborieux & fécond Artiste ira loin ; vous le verrez quelque jour tenir un rang distingué dans l'Ecole Françoise. Son tableau de S. Germain & S. Vincent, est d'une couleur bien vigoureuse.

Vous connoissiez déja celui d'Icare ;
je l'ai revu avec plaisir. Avez-vous pris
garde aux mains du S. Jerôme, sure-
ment elles sont faites d'après nature.

Lorsque vous avez vu le grand tableau d'animaux peint à l'encaustique
par M. Bachelier, n'avez - vous pas
souhaité qu'il s'attachât à ce genre ? Il
y a long-tems que dans cette partie,
nous avons besoin d'un homme qui
promet autant que lui.

Que je m'arrête avez plaisir devant
les petits tableaux de M. Greuze !

Un pere de famille lit la Bible à
ses enfans ; touché de ce qu'il vient
d'y voir ; il est lui-même pénétré de
la morale qu'il leur fait : ses yeux font
presque mouillés de larmes ; son épou-
se assez belle femme & dont la beau-
té n'est point idéale, mais telle que
nous la pouvons rencontrer chez les
gens de sa sorte, l'écoute avec cet air
de tranquillité que goûte une honnête
femme au milieu d'une famille nom-

breufe qui fait toute fon occupation, fes plaifirs, & fa gloire. Sa fille à côté d'elle eft ftupéfaite & navrée de ce qu'elle entend; le grand frere a une expreffion auffi finguliere que vraie. Le petit bonhomme qui fait un effort pour attraper fur la table un bâton, & qui n'a aucune attention pour des chofes qu'il ne peut comprendre, eft tout-à-fait dans la nature ; voyez-vous qu'il ne diftrait perfonne, on eft trop férieufement occupé ? Quelle nobleffe! & quel fentiment dans cette bonne maman qui, fans fortir de l'attention qu'elle a pour ce qu'elle entend, retient machinalement le petit efpiégle qui fait gronder le chien : n'entendez - vous pas comme il l'agace, en lui montrant les cornes ? il eft charmant. Quel Peintre ! Quel Compofiteur ! Son tableau de l'Aveugle avec autant d'expreffion, eft d'un effet de lumiere plus piquant. Cet Artifte n'a que vingt-neuf ans. Voilà les ouvra-

ges dont un homme peut se faire gloire : Ils font honneur à son esprit, ils
font l'éloge de son cœur. On pense
qu'il a une ame délicate & sensible.
On voudroit le connoître. Il est le Mo-
liere de nos Peintres.

Je suis sûr que M. Greuze est un
homme attentif à tout ce qui l'envi-
ronne ; c'est un Spectateur qui guet-
te continuellement la nature, & sçait
la saisir dans ce qu'elle a de plus inté-
ressant. Il a raison ; elle est le plus
grand maître. En la suivant, en l'imi-
tant , il n'aura jamais de maniere ;
tout ce qui sortira de ses mains sera
précieux & nouveau. Lorsque l'on a
un tableau choisi de la plûpart des
grands Peintres , on est assez riche :
ils sont toujours les mêmes avec plus
ou moins de fini : le moindre connois-
seur les distingue en les voyant même
de loin. C'est d'un tel , dit-il ; voilà
ses effets de lumiere ; ce sont ses airs
de tête , ses attitudes ; ne remettez-

vous pas la diftribution , les maffes , les plis de fes draperies ? Il a raifon ; il ne fe trompe point. Mais lorfque l'on verra un tableau bien deffiné , d'un choix heureux , plein de fineffe & d'ame , d'une expreffion délicate & toujours vraie , j'augure que l'on dira , ce tableau doit être de Greuze (a).

Je défirerois que M. Cochin fît au Public le plaifir de graver lui - même les deffeins qu'il a fait dans fon voyage de Rome. L'expreffion & le caractere propre de chaque Maître y font reconnoiffables.

Je paffe aux morceaux de Sculpture. Tout le monde connoît le beau Milon de Monfieur Falconet. Admirez fon petit modele en terre cuite , qui repréfente la Vierge dans l'inftant où elle répond à l'Ange ; *je fuis la Servante du Seigneur , qu'il me foit*

(a) Pourvu que ce jeune Artifte foit bien perfuadé qu'il n'eft encore que le commencement d'un grand homme.

fait selon votre parole. L'attitude de la figure est noble & décente ; l'air de la tête respire la pudeur ; c'est un moment délicat parfaitement rendu.

Je finis par le modele de la Chaire de Saint Sulpice. La pensée en est ingénieuse : mais je désirerois que dans l'exécution de ce grand morceau , M. Slodtz le rendît le plus simple & le plus léger qu'il pourra.

Permettez-moi mon ami, quelques réfléxions sur ces sortes de monumens. La décoration d'une Chaire me paroît déplacée & ridicule ; n'est-elle pas même indécente ? Un Ministre du Seigneur prêchera l'humilité & le mépris des vanités dans une espece de thrône élevé par le faste & l'orgueil. Où est la convenance ? je ne voudrois qu'une simple tribune, un appui de balustrade suffisamment élevé pour être apperçu de tous les côtés. On doit craindre ici que l'œil du Spectateur ne soit distrait & amusé par tous ces or-

nemens frivoles. Le Prédicateur y fo-
ar enterré. D'ailleurs la diſtribution
générale de la décoration condamne
abſolument ces ſuperfluïtés. Une Chaire de Prédicateur eſt placée dans la
nef de l'Egliſe. La nef doit être déco-
rée ſagement , par conſéquent tous
les acceſſoires en doivent être ſages &
ſimples. Reſervez toutes les richeſſes
pour le Sanctuaire ; qu'elles y attirent
naturellement les regards. Vous ſen-
tez bien que je dois auſſi condamner
la décoration mal ſonante des bancs
de Marguilliers de la plûpart de nos
Paroiſſes. Ils devroient être médiocre-
ment élevés , & ſans diſtinction re-
marquable. Je brule d'être à Paris
pour voir quelques morceaux dont
vous me parlez , & que l'on a expoſés dans mon abſence. Adieu , je ſuis
votre ami D..p..te P. D. M.

P. S. Je me ſouviens de quelques
Payſages de M. Jaliard. La touche en
eſt ferme & variée. Ce Payſagiſte promet beaucoup.

www.ingramcontent.com/pod-product-compliance
Lightning Source LLC
LaVergne TN
LVHW021500060726
842527LV00006B/2362

9 782329 048178